Die Sperrfrist gem. § 22 Abs. 1 UmwStG. Steuerrechtliche Missbrauchsvermeidungsvorschrift im Rahmen einer Einbringung einer Personengesellschaft in eine Kapitalgesellschaft

Esther Grabovski

Bibliografische Information der Deutschen Nationalbibliothek:

Die Deutsche Nationalbibliothek verzeichnet diese Publikation in der Deutschen Nationalbibliografie; detaillierte bibliografische Daten sind im Internet über http://dnb.d-nb.de abrufbar.

ISBN: 9783346578167
Dieses Buch ist auch als E-Book erhältlich.

Druck und Bindung: Books on Demand GmbH, Norderstedt Germany
Gedruckt auf säurefreiem Papier aus verantwortungsvollen Quellen

Das vorliegende Werk wurde sorgfältig erarbeitet. Dennoch übernehmen Autoren und Verlag für die Richtigkeit von Angaben, Hinweisen, Links und Ratschlägen sowie eventuelle Druckfehler keine Haftung.

Das Buch bei GRIN: https://www.grin.com/document/1168053

Seminararbeit

Die Sperrfrist gem. § 22 Abs. 1 UmwStG

Esther Grabovski

17. Dezember 2021

INHALTSVERZEICHNIS

ABBILDUNGSVERZEICHNIS

ABKÜRZUNGSVERZEICHNIS

1. EINLEITUNG

Unternehmen verändern aus unterschiedlichen Gründen ihre Struktur. Gerade im Hinblick auf die Begrenzung der Haftung werden Einzel- und Personenunternehmen in Kapitalgesellschaften umgewandelt. Auch die Vorbereitung auf einen zukünftigen Unternehmensverkauf stellt einen häufigen Grund für die Umwandlung der Unternehmensstruktur dar.

Bei Umstrukturierungen von Unternehmen werden grundsätzlich stille Reserven des eingebrachten Unternehmens aufgedeckt. Stille Reserven bergen sich vor allem im Firmenwert des Unternehmens, in Immobilien und sonstigem Anlagevermögen.

Unter Einbringungsvorgängen im Sinne des Umwandlungssteuergesetzes wird zum einen die Einbringung eines Personenunternehmens in eine Kapitalgesellschaft, zum anderen die Einbringung einer Kapitalgesellschaft in eine andere Kapitalgesellschaft definiert.

Unter bestimmten Voraussetzungen kann ein Einbringungsvorgang steuerneutral gestaltet werden. In diesem Fall werden Vermögenswerte des einbringenden Unternehmens zu Buchwerten übertragen. Es entsteht keine Besteuerung der stillen Reserven. Die zentrale Voraussetzung für eine steuerneutrale Einbringung ist die Einhaltung einer siebenjährigen Sperrfrist.

Veräußerungen von Anteilen an Kapitalgesellschaften sind steuerlich durch das Teileinkünfteverfahren oder die Anwendung des § 8b Abs. 2 KStG begünstigt. Die siebenjährige Sperrfrist soll vermeiden, dass dieser begünstigten Veräußerung eine steuerneutrale Einbringung eines Personenunternehmens unmittelbar vorausgeht.

Im Rahmen der Arbeit wird auf die Anwendung der siebenjährigen Sperrfrist bei einem Einbringungsvorgang eingegangen. Zunächst wird der Anwendungsbereich der Sperrfrist nämlich der Sacheinlage und des fiktiven Formwechsels erläutert. Im Anschluss daran wird auf die Zielsetzung, Auslösung und steuerliche Auswirkung der Sperrfrist eingegangen. Zum Abschluss wird die Regelung des § 22 UmwStG in den Kontext zur allgemeinen Missbrauchsvorschrift gesetzt und hinsichtlich der Vereinbarkeit mit europarechtlichen Vorgaben kritisch beleuchtet.

2. ANWENDUNGSBEREICH DES § 22 ABS. 1 UMWSTG

Die Sperrfristregelung nach § 22 Abs. 1 UmwStG findet Anwendung bei Umwandlungsvorgängen im Sinne des § 20 UmwStG von Personenunternehmen in Kapitalgesellschaften. Unter Umwandungen im Sinne des § 20 UmwStG versteht man die Einbringung eines Betriebs bzw. Teilbetriebs durch Verschmelzung, Formwechsel oder Ausgliederung.

Im Folgenden werden Tatbestände einer Einbringung nach § 22 Abs. 1 UmwStG in eine Kapitalgesellschaft näher erläutert. Der Begriff „Einbringung" ist ein rein steuerrechtlicher Begriff. Er wird im Umwandlungsgesetz (Zivilrecht) nicht verwendet.

2.1 SACHEINLAGE GEM. § 20 UMWSTG

Die Veräußerung eines Mitunternehmeranteils an einer Personengesellschaft oder eines Einzelunternehmens unterliegt der Besteuerung nach § 16 EStG. Demnach wird der verbleibende Veräußerungsgewinn nach Abzug von Buchwerten und Veräußerungskosten vom Veräußerungspreis der Einkommensteuer unterworfen. Damit werden die vorhandenen stillen Reserven im Unternehmen aufgedeckt und mit einem persönlichen Steuersatz des Steuerpflichtigen von bis zu 45 % besteuert. Unter bestimmten Voraussetzungen kann ein Freibetrag bis zu 45.000 € geltend gemacht werden (§ 16 Abs. 4 EStG). Zudem können weitere Vergünstigungen gemäß § 34 EStG in Anspruch genommen werden. Zum Einen kann auf den Veräußerungsgewinn im Rahmen der Einkommensteuerberechnung die Fünftel-Regelung angewendet werden. Zum Anderen kann unter bestimmten Voraussetzungen ein fast hälftiger Steuersatz auf den Veräußerungsgewinn angesetzt werden (§ 34 Abs. 3 EStG).

Wird ein solcher Anteil an einem Personenunternehmen in eine Kapitalgesellschaft eingebracht, so können die Buchwerte auf Antrag ohne Aufdeckung der stillen Reserven in die Kapitalgesellschaft übernommen werden. Es entsteht soweit kein Veräußerungsgewinn, welcher der Einkommensteuer unterliegt. Voraussetzung dafür ist, dass der Einbringende neue Anteile an der Kapitalgesellschaft erhält (s. Abb. 1). Zudem muss im Wesentlichen sichergestellt sein, dass das eingebrachte Betriebsvermögen bei der übernehmenden Kapitalgesellschaft im weiteren Verlauf der Körperschaftsteuer unterliegt und das Besteuerungsrecht der Bundesrepublik Deutschland nicht ausgeschlossen oder eingeschränkt wird (§ 20 Abs. 2 UmwStG).

Abbildung 1: Sacheinlage gem. § 20 UmwStG

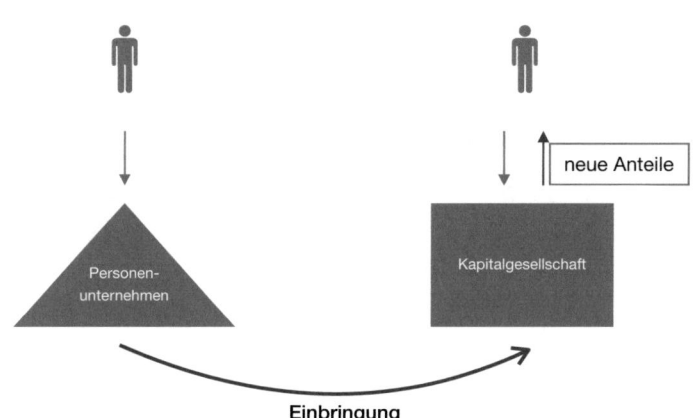

Einbringung

Quelle: eigene Darstellung

Wird der Anteil an der Kapitalgesellschaft wiederum veräußert, unterliegt der Veräuße-rungsgewinn bei einer Beteiligung von mehr als 1 % dem Teileinkünfteverfahren gemäß § 3 Nr. 40 EStG. Demnach sind 60 % des Veräußerungsgewinns im Rahmen der Einkünf-te aus Gewerbebetrieb einkommensteuerpflichtig.

Bringt ein im Drittstaat ansässiges Personenunternehmen einen Teilbetrieb in eine inländische Kapitalgesellschaft gegen Gewährung von Anteilen ein, so ist das deutsche Besteuerungsrecht an den erhaltenen Anteilen gemäß § 1 Abs. 4 S. 1 Nr. 2 UmwStG nicht ausgeschlossen oder beschränkt. Die Anteile sind somit im Inland steuerverstrickt, der Anwendungsbereich des § 20 UmwStG ist eröffnet.[1]

2.2 FIKTIVER FORMWECHSEL GEM. § 1A KSTG

Mit Einführung des KöMoG wurde in § 1a KStG für Personenhandelsgesellschaften die Möglichkeit geschaffen, wie Kapitalgesellschaften zur Transparenzbesteuerung zu wech-seln. Die Ausübung des Wahlrechts gilt als Formwechsel im Sinne des § 25 UmwStG, somit findet § 20 UmwStG entsprechend Anwendung. Grundsätzlich werden infolge der Umwandlung alle stillen Reserven der Gesellschaft aufgedeckt und sofort besteuert. Auch hier ist es möglich, die Umwandlung unter den entsprechenden Voraussetzungen zu Buchwerten vorzunehmen. Der Antrag muss für jeden einzelnen Gesellschafter vorge-nommen werden.[2] Sofern die Option zu Buchwerten erfolgt, findet § 22 UmwStG auf die

[1] UmwStErl, BStBl 2011 I 1314, Rn. 01.53
[2] Weiss, BC 6/2021, Rn. 325

Anteile an der fiktiven Kapitalgesellschaft Anwendung, damit auch bei diesem Vorgang die Besteuerung der stillen Reserven sichergestellt ist.[3]

2.3 STEUERLICHE FOLGEN EINER EINBRINGUNG

Die Form der Kapitalgesellschaft ist im Veräußerungsvorgang steuerlich deutlich privilegiert. Eine Umwandlung bzw. Einbringung einer Personengesellschaft in eine Kapitalgesellschaft löst grundsätzlich ebenfalls die Aufdeckung und Versteuerung von stillen Reserven aus.

Unter bestimmten Voraussetzungen ist es jedoch möglich, ein Personenunternehmen steuerneutral in eine Kapitalgesellschaft umzuwandeln bzw. einzubringen. Stille Reserven müssen nicht aufgedeckt werden, damit soll die Fortführung des Unternehmens gefördert werden.

Im Anschluss an die Umwandlung von steuerverstricktem Betriebsvermögen könnte der Anteil unter Umständen nahezu steuerfrei veräußert werden. Um eine solche Steuerumgehung zu verhindern, wurden im Rahmen der umwandlungssteuerrechtlichen Gestaltungsmöglichkeiten bestimmte Einschränkungen festgelegt.

---

[3] Böhmer/Wegener in Widmann/Bauschatz, § 22 UmwStG Rz.11

3. SPERRFRIST NACH § 22 UMWSTG

3.1 DEFINITION UND ZIELSETZUNG

Die Vorschrift des § 22 Abs. 1 UmwStG dient zur Vermeidung von missbräuchlichen Gestaltungen im Hinblick auf die Veräußerung von Unternehmensteilen. Sie stellt somit eine Missbrauchsvermeidungsnorm dar. Werden stille Reserven nicht der Besteuerung unterworfen, gelten sie eine bestimmte Zeit lang als steuerverstrickt.[4] Somit soll sichergestellt werden, dass die unmittelbare Veräußerung einer Sachgesamtheit im Rahmen einer Kapitalgesellschaft getätigt wird und somit durch das Teileinkünfteverfahren günstiger besteuert wird.[5] Zudem soll ein Verlust des deutschen Besteuerungsrechts an stillen Reserven vermieden werden. Dies wäre der Fall, sofern nach einer Einbringung die erhaltenen Anteile im Ausland veräußert werden, ohne dass eine rückwirkende Besteuerung in Deutschland erfolgt.

3.2 BEGINN DER SPERRFRIST

Der Beginn der Sieben-Jahres-Frist ist in § 20 Abs. 6 UmwStG legaldefiniert. Demnach beginnt die Frist mit dem Einbringungszeitpunkt, welcher der steuerliche Übertragungsstichtag ist. Als steuerlicher Übertragungsstichtag gilt der Tag, mit dessen Ablauf das Einkommen und Vermögen des Einbringenden für Zwecke der Ertragsbesteuerung auf den übernehmenden Rechtsträger als übergegangen gilt (wirtschaftlicher Eigentumsübergang). Vom Einbringungszeitpunkt an dauert die Frist sieben Zeitjahre.

3.3 AUSLÖSUNG UND STEUERLICHE FOLGEN DER SPERRFRIST

Die Sperrfrist wird durch die Veräußerung der sperrfristbehafteten Anteile durch den Einbringenden, seinen unentgeltlichen Rechtsnachfolger oder durch den Eigentümer mitverstrickter Anteile verletzt.[6] Dadurch ergeben sich rückwirkende steuerliche Folgen. Sperrfrist behaftet sind Anteile, die der Einbringende für die Einbringung erhält.

Neben der Veräußerung von Anteilen sind abschließend im § 22 Abs.1 Satz 6 UmwStG weitere Tatbestände aufgeführt, die innerhalb der Sperrfrist die nachträgliche Besteuerung auslösen (Ersatzrealisationstatbestände)[7].

Fallen die Voraussetzungen z.B. durch Wegzug, Sitzverlegung, Änderung eines DBA innerhalb der Siebenjahresfrist für die Übertragung nach § 20 UmwStG weg, löst dies ebenfalls die rückwirkende Besteuerung des Einbringungsgewinns I aus (§ 22 Abs. 1 Satz 6 Nr. 6 UmwStG).[8]

---

[4] UmwStErl, BStBl 2011 I 1314, Rn. 22.02
[5] Böhmer/Wegener in Widmann/Bauschatz, § 22 UmwStG, Rz.2
[6] UmwStErl, BStBl 2011 I 1314, Rn. 22.03
[7] Brandis/Heuermann/Nitzschke, 158. EL August 2021, UmwStG 2006 § 22 Rn. 59
[8] UmwStErl, BStBl 2011 I 1314, Rn. 22.27

Der Einkommensteuerbescheid für den entsprechenden Veranlagungszeitraum kann rückwirkend geändert werden, da die Veräußerung der sperrfristbehafteten Anteile ein rückwirkendes Ereignis im Sinne des § 175 Abs. 1 Satz 1 Nr. 2 AO darstellt.

Eine unentgeltliche Übertragung eines Anteils stellt die verdeckte Einlage in eine Kapitalgesellschaft dar.[9] Diese entsteht, wenn die Kapitaleinlage nicht gegen Gewährung von Gesellschaftsrechten erfolgt.[10] Auch eine Sachdividende und die verdeckte Gewinnausschüttung von Anteilen an eine Muttergesellschaft gilt als unentgeltliche Übertragung.

Unter einer mittelbaren unentgeltlichen Übertragung wird die Übertragung des Anteils auf eine Personengesellschaft nach § 6 Abs. 5 EStG und die Realteilung verstanden.[11]

Einer Übertragung gegen Entgelt beschreibt die Überlassung der Anteile gegen eine Gegenleistung.[12] Grundsätzlich stellen Umwandungen und Einbringungen entgeltliche Übertragungen dar.[13] Unter bestimmten Voraussetzungen kann jedoch im Einzelfall von einer rückwirkenden Einbringungsgewinnbesteuerung abgesehen werden.[14]

Wird eine Kapitalgesellschaft aufgelöst und abgewickelt, an der sperrfristbehaftete Anteile bestehen, wird auf den Zeitpunkt der Schlussverteilung des Vermögens die Besteuerung des Einbringungsgewinns ausgelöst (§ 22 Abs. 1 Satz 6 Nr. 3 UmwStG).[15] Dies gilt jedoch nicht bei Abwicklung aufgrund eines Insolvenzverfahrens.[16]

Sofern er zu einer Kapitalherabsetzung oder Einlagenrückgewähr kommt und der ausgekehrte Betrag durch die Kapitaleinlage bei der Einbringung aus dem steuerlichen Einlagekonto (§ 27 KStG) ausgeschüttet wird, ist dieser Betrag ebenfalls rückwirkend zu versteuern (§ 22 Abs. 1 Satz 6 Nr. 3 UmwStG).

Eine Ketteneinbringung löst ebenfalls die Besteuerung des Einbringungsgewinns aus. Diese liegt vor, wenn Anteile, die steuerneutral eingebracht wurden, wiederum steuerneutral in eine andere Kapitalgesellschaft übertragen werden. Unter bestimmten Voraussetzungen kann die Besteuerung des Einbringungsgewinns jedoch entfallen.

Fällt ein schädliches Ereignis in den Siebenjahreszeitraum, so soll mittels einer Nachweispflicht die Besteuerung sichergestellt werden. Der Einbringende ist verpflichtet, jährlich bis zum 31.05. der Finanzbehörde nachzuweisen, wem die sperrfristbehafteten Anteile zum jährlich entsprechenden Einbringungszeitpunkt zuzurechnen sind.

---

[9] BFH Urt. v. 14.7.2009 – IX R 6/09
[10] Brandis/Heuermann/Nitzschke, 158. EL August 2021, UmwStG 2006 § 22 Rn. 60
[11] UmwStErl, BStBl 2011 I 1314, Rn. 22.20
[12] Schmitt/Hörtagl/Schmitt, 9. Auflage 2020, UmwStG § 22 Rn. 28
[13] UmwStErl, BStBl 2011 I 1314, Rn. 22.22
[14] UmwStErl, BStBl 2011 I 1314, Rn. 22.23
[15] Brandis/Heuermann/Nitzschke, 158. EL August 2021, UmwStG 2006 § 22 Rn. 65
[16] UmwStErl, BStBl 2011 I 1314, Rn. 22.24

Der Einbringende hat eine schriftliche Erklärung darüber abzugeben, wem die erhaltenen Anteile wirtschaftlich zuzurechnen sind. Zudem muss eine Bestätigung von der übernehmenden Gesellschaft über die Gesellschafterstellung des Einbringenden vorgelegt werden, alternativ kann auch eine Gesellschafterliste (§ 40 GmbHG) eingereicht werden.[17]

Sofern der Nachweis nicht fristgemäß erbracht wird, gelten die sperrfristbehafteten Anteile als veräußert. Das hat zum einen die Besteuerung des Einbringungsgewinns zur Folge. Auf der anderen Seite ist zudem ein Veräußerungsgewinn zu versteuern.

Ist die die Änderung der Bescheide jedoch verfahrensrechtlich noch möglich, kann der Nachweis innerhalb dieser Frist noch erbracht werden. Im Falle eines Rechtsbehelfsverfahrens kann der Nachweis noch bis zum Abschluss des Klageverfahrens erbracht werden.[18]

3.3.1 Sacheinlage gem. § 20 UmwStG

Ist Sperrfrist durch eine Veräußerung oder einen Ersatztatbestand verletzt worden, so ist nachträglich ein Einbringungsgewinn I zu ermitteln und zu besteuern.[19] Der gemeine Wert zum Zeitpunkt der Einbringung wird dazu herangezogen. Dieser wird abzüglich der Buchwerte und Umwandlungskosten der Besteuerung als Einbringungsgewinn I zugrunde gelegt. Sind zwischen Einbringung und Veräußerung Zeitjahre abgelaufen, mindern diese den Einbringungsgewinn um jeweils ein Siebtel. Der Einbringungsgewinn I einer natürlichen Person unterliegt im Rahmen der Einkünfte aus Gewerbebetrieb gemäß § 16 EStG dem persönlichen Steuersatz des Einbringenden. Vergünstigungen wie der Freibetrag nach § 16 Abs. 4 EStG und § 34 EStG dürfen nachträglich nicht in Anspruch genommen werden (§ 22 Abs. 1 UmwStG). Werden Anteile nur zum Teil veräußert, sind der Buchwert und die Umwandlungskosten nur anteilig zu berücksichtigen.[20]

Handelt es sich bei dem Einbringenden um eine körperschaftsteuerpflichtige Person, unterliegt der Einbringungsgewinn der Körperschaftsteuer.[21]

Sofern nicht alle Anteile in einem Veräußerungsvorgang veräußert werden, gehört der Einbringungsgewinn I zum Gewerbeertrag gemäß § 7 Satz 2 GewStG, da nicht von einer Veräußerung eines Betriebs bzw. Teilbetriebs ausgegangen wird.[22]

Der Einbringungsgewinn I führt zu nachträglichen Anschaffungskosten bei der Ermittlung des Veräußerungsgewinns der Kapitalgesellschaft. Wird der Anteil nur zum Teil veräußert, ist es nicht abschließend geklärt, ob der anteilige Einbringungsgewinn I zu nachträglichen Anschaffungskosten nur für die veräußerten Anteile entsteht, oder auf den gesamten

---

[17] UmwStErl, BStBl 2011 I 1314, Rn. 22.30
[18] UmwStErl, BStBl 2011 I 1314, Rn. 22.33
[19] UmwStErl, BStBl 2011 I 1314, Rn. 22.07
[20] Schmitt/Hörtnagl, Umwandlungssteuergesetz, 9. Auflage 2020, Rn. 26, 59
[21] Schmitt/Hörtnagl, Umwandlungsteuergesetz, 9. Auflage 2020, Rn. 60
[22] UmwStErl, BStBl 2011 I 1314, Rn. 22.07

sperrfristverhafteten Anteil zu verteilen ist. Nach herrschender Meinung entstehen die Anschaffungskosten nur für den veräußerten Anteil.[23]

Sofern der Veräußerer eine natürliche Person ist und mit mindestens 1 % am Kapital der Kapitalgesellschaft beteiligt ist, zählt der Veräußerungsgewinn zu den Einkünften aus Gewerbebetrieb gemäß § 17 EStG. Dies gilt ebenfalls, wenn der innerhalb der letzten fünf Jahre unmittelbar oder mittelbar zu mindestens 1 % beteiligt war (§ 17 Abs. 6 EStG). Der Gewinn ermittelt sich durch Abzug der Anschaffung- und Veräußerungskosten vom Veräußerungspreis. In diesem Fall wirken sich die nachträglichen Anschaffungskosten durch den Einbringungsgewinn I steuermindernd aus. Auf den Veräußerungsgewinn ist zudem das Teileinkünfteverfahren anzuwenden, parallel dazu auch auf die Anschaffungs- und Veräußerungskosten, sodass der Veräußerungsgewinn zu 40 % steuerfrei ist (§ 3 Nr. 40 EStG).

Praxisbeispiel

A bringt sein Einzelunternehmen (gemeiner Wert 270.000 €) am 01.01.2019 gegen Gewährung von Anteilen zum Buchwert 200.000 € in die Z-GmbH (Stammkapital 25.000 €) ein. Am 15.09.2021 veräußert er 10 % der Anteile an der Z-GmbH für 40.000 €.

Die Veräußerung der sperrfristbehafteten Anteile führt in 2021 anteilig zu einer rückwirkenden Besteuerung des Einbringungsgewinns I zum 01.01.2019.

Eingebrachtes Betriebsvermögen anteilig 10 % x 270.000 €	27.000 €
./. Buchwert anteilig 10 % x 200.000 €	20.000 €
Einbringungsgewinn I vor Siebtelregelung	7.000 €
./. 1/7 pro abgelaufenes Zeitjahr	1.000 €
Zu versteuernder Einbringungsgewinn I	**6.000 €**

Der Einbringungsgewinn I ist den Einkünften aus Gewerbebetrieb im Sinne des § 16 EStG zuzurechnen. Jedoch kann A keine Steuervergünstigungen nach § 16 Abs. 4 und § 34 EStG mehr in Anspruch nehmen. Weiterhin wird dieser zum Gewerbeertrag gemäß § 7 Satz 2 GewStG zugerechnet und unterliegt somit der Gewerbesteuer, da nicht sämtliche Anteile in einem Vorgang veräußert wurden.

Der Einbringungsgewinn I kann als nachträgliche Anschaffungskosten im Zeitpunkt der Veräußerung bei der Ermittlung des Veräußerungsgewinns angesetzt werden § 22 Abs. 1 Satz 4 UmwStG.

---

[23] UmwStErl, BStBl 2011 I 1314, Rn. 22.04; Widmann/Mayer/*Widmann* Rn. 186; DPM/*Patt* Rn. 61; RHL/*Stangl* Rn. 302; Bordewin/Brandt/*Graw* Rn. 163; Haritz/Menner/Bilitewski/*Bilitewski* Rn. 258; Blümich/*Nitzschke* Rn. 54; Eisgruber/ *Eisgruber* Rn. 126; *Krohn/Greulich* DStR 2008, 646

Ermittlung des Veräußerungsgewinns aus den Anteilen an der Z-GmbH zum 15.09.2021:

Veräußerungspreis	40.000 €
./. ursprüngliche Anschaffungskosten	20.000 €
./. nachträgliche Anschaffungskosten aus Einbringungsgewinn I	6.000 €
Veräußerungsgewinn gemäß § 17 EStG	14.000 €
Davon steuerpflichtig gemäß § 3 Nr. 40 EStG	**8.400 €**

3.3.2 Fiktiver Formwechsel gem. § 1a KStG

Die Optionsmöglichkeit einer Personengesellschaft zur Körperschaftsteuer nach § 1a KStG räumt auch die Möglichkeit ein, die Rückoption ins Transparenzprinzip der Besteuerung auszuüben (§ 1a Abs. 4 Satz 1 KStG).[24] Dieser Vorgang stellt erneut einen fiktiven Formwechsel dar. Steuerlich handelt es sich um eine Einbringung mit anschließender Verschmelzung einer Kapitalgesellschaft in eine Personengesellschaft.

Folgeumwandlungen stellen laut Finanzrechtsprechung einen Sperrfristverstoß im Sinne des § 22 UmwStG dar.[25] Wird die bestehende Personengesellschaft mit Option zur Körperschaftsteuer in eine Kapitalgesellschaft umgewandelt, zählt diese Umwandlung allerdings nicht als Ersatztatbestand im Sinne des § 22 Abs. 1 Satz 6 UmwStG. Es wird in diesem Fall keine nachträgliche Besteuerung des Einbringungsgewinns vorgenommen.

Sofern die Sperrfrist durch eine Rückoption verletzt wird, ist nachträglich der Einbringungsgewinn I zu versteuern. Sind in den Vorjahren Gewinnrücklagen entstanden, die bislang nicht ausgeschüttet wurden, müssen diese ebenfalls fiktiv ausgeschüttet und versteuert werden (§ 7 Satz 1 UmwStG).

Praxisbeispiel

Die AB-KG hat sich dazu entschieden, ab dem Wirtschaftsjahr 01.01.2022 die Option zur Körperschaftbesteuerung auszuüben. Dazu muss neben dem Antrag nach § 1a Abs. 1 KStG auch ein Antrag auf Übernahme der Buchwerte nach § 20 Abs. 2 Satz 2 UmwStG für Mitunternehmer A und B gestellt werden. Das Eigenkapital von A und B darf zudem nicht negativ sein (§ 20 Abs. 2 Satz 2 Nr. 2 UmwStG).

Die Anteile von A und B an der optierenden Gesellschaft sind nun für die folgenden sieben Jahre sperrfristbehaftet. A und B müssen in diesem Zeitraum zum 31.05. eines jeden Folgejahres beim Finanzamt einen Nachweis über den wirtschaftlichen Eigentümer einreichen.

---

[24] Weiss, BC 2021, 322
[25] BMF-Schreiben vom 10.11.2021, Rn. 26, 45, 98, BFH-Urteil vom 18.11.2020, BFH-Urteil vom 18.11.2020

Aufgrund hoher Verluste entscheiden sich A und B ab dem 01.01.2025 zurück zur Transparenzbesteuerung zu wechseln. Dadurch wird die noch laufende siebenjährige Sperrfrist verletzt. Seit Fristbeginn am 01.01.2022 sind drei Zeitjahre abgelaufen.

Der Einbringungsgewinn I muss nachträglich ermittelt werden. Es müssen 4/7 des Einbringungsgewinns I der Besteuerung nach § 16 EStG unterworfen werden.

3.4 ABGRENZUNG ZUR MISSBRAUCHSVORSCHRIFT § 42 AO

Eine allgemeine Regelung zur Vermeidung von missbräuchlichen Gestaltungen zur Steuerumgehung wurde in § 42 AO getroffen. Wird eine unangemessene Gestaltung gewählt, die im Vergleich zu einer angemessenen Gestaltung zu einer niedrigeren Steuer führt, liegt ein Missbrauch im Sinne des § 42 AO vor.[26]

Gerade im Bereich der Umstrukturierung von Unternehmen wird häufig der Missbrauch von steuerlichen Gestaltungsmöglichkeiten unterstellt. Umstrukturierungen als solche sind jedoch nicht generell als missbräuchliche Steuergestaltung zu sehen. Die Vorschrift des § 22 im UmwStG gilt als Missbrauchsvermeidungsvorschrift für eben solche Umstrukturierungen. Der Gesetzgeber geht generell davon aus, dass eine Einbringung mit anschließender Veräußerung innerhalb der ersten sieben Jahre im Hinblick auf eine Statusverbesserung (Missbrauchsvermutung) getätigt wird. Die Missbrauchsvermutung schmilzt jedoch innerhalb dieser Zeit Jahr für Jahr ab. Erkennbar ist dies daran, dass mit jedem abgelaufenen Zeitjahr der zu versteuernde Einbringungsgewinn um ein Siebtel geringer wird.

Der § 22 UmwStG findet als Einzelsteuergesetz Vorrang vor dem allgemeinen Gesetz gemäß § 42 Nr. 1 Satz 1 AEAO. Sind im Einzelsteuergesetz Tatbestände zur Missbrauchsregelung nicht erfüllt, gelten dennoch weiterhin die Vorschriften des § 42 AO.[27] Der BFH sieht jedoch im Gegensatz zur Finanzverwaltung nicht einen zwingenden Rückgriff auf § 42 AO, wenn Tatbestände zu spezialgesetzlichen Missbrauchsvermeidungsvorschriften nicht erfüllt sind.

---

[26] Schmitt/Hörtnagl/Schmitt, 9. Aufl. 2020, UmwStG § 22 Rn. 9-11
[27] Koenig, AO-Kommentar, 4. Auflage 2021, § 42 AO Rn. 6

3.5 EUROPARECHTSKONFORMITÄT DER SPERRFRIST

Im Jahr 2009 wurde durch den Europarat die sogenannte Fusionsrichtlinie erlassen. Sie dient dazu, steuerliche Hindernisse innerhalb der EU zu vermeiden und regelt steuerneutrale, grenzüberschreitende Umwandlungen. Die Fusionsrichtlinie gilt als höherrangiges Recht gegenüber dem nationalen Umwandlungsteuerrecht.

Die Sperrfristregelung des § 22 UmwStG löst jedoch Bedenken hinsichtlich der Vereinbarkeit mit der Fusionsrichtlinie aus. Nach den Bestimmungen der Richtlinie soll eine grenzüberschreitende Einbringung steuerneutral möglich sein. Durch die nachträgliche Besteuerung des Einbringungsgewinns ist der Umwandlungsvorgang jedoch nicht mehr steuerneutral. Die Pflicht zur Besteuerung des Einbringungsgewinns entsteht durch die pauschale Missbrauchsvermutung des § 22 UmwStG innerhalb der ersten sieben Jahre nach der Einbringung.

Ein Mitgliedsstaat kann die Anwendung der Steuerneutralität zwar nach Art. 11 Abs. 1 a der FusionsRL auch ganz oder teilweise versagen, wenn die Umwandlung als hauptsächlichen Grund die Steuerhinterziehung oder -umgehung hat. Davon kann ausgegangen werden, wenn die Umwandlung nicht auf vernünftigen wirtschaftlichen Gründen beruht.[28] Laut Rechtsprechung des EuGH im Fall Leur Bloem ist ein Gestaltungsmissbrauch jedoch für jeden Einzelfall zu untersuchen.[29] Diese Untersuchung sollte zudem gerichtlich überprüfbar sein. Daher ist zu prüfen, ob die pauschalisierende Missbrauchsregelung mit der EU-Fusionsrichtlinie zu vereinen ist.

Nach Auffassung des Gesetzgebers ist die Sperrfristregelung europarechtskonform, weil die Missbrauchsvermutung mit jedem weiteren Jahr nach der Einbringung linear abschmilzt.[30] Trotzdem wird entgegen der Rechtsprechung in jedem Fall von einer Missbrauchsabsicht ausgegangen.

Weiterhin ist es fraglich, ob die Dauer der Sperrfrist von sieben Jahren dem Grundsatz der Verhältnismäßigkeit entspricht.[31] Eine weitere europarechtliche Vorschrift, die Mutter-Tochter-Richtlinie, enthält konkretere Angaben zu einer maximalen Haltefristanordnung zur Unterbindung von bestimmten Gestaltungsmissbräuchen der Mitgliedsstaaten. Es dürfen nach Art. 3 Abs. 2 MTRL Haltefristen von höchstens zwei Jahren angeordnet werden. Im Vergleich zur Sperrfrist von sieben Jahren ist dies ein beachtlicher Unterschied.

Zusammenfassend lässt sich sagen, dass die Sperrfristregelung vor dem Hintergrund der europarechtlichen Bestimmungen hinsichtlich der Dauer und der pauschalen Anwendungsbestimmung überprüft werden sollte.

---

[28] Haritz/Menner/Bilitewski/Bilitewski, 5. Aufl. 2019, UmwStG § 22 Rn. 81
[29] EuGH vom 17.07.1997, IStR 1997, 539
[30] vgl. Gesetzesbegründung zu § 22, BT-Drs. 1627/10, Allgemeines, 47
[31] Körner: Europarecht und Umwandlungsteuer, IStR 2006, 109

4. FAZIT

Die Gesetzgebung hat im Laufe der letzten Jahre eine Vielzahl an Regelungen im Rahmen von Umstrukturierungen von Unternehmen erlassen. Insbesondere gibt es Neuerungen für Umwandlungen innerhalb des Europäischen Binnenmarktes. Grenzüberschreitende Umwandlungen sollen steuerneutral möglich sein. Besteuerungsrechte einzelner Staaten an stillen Reserven sollen jedoch durch die Regelung nicht eingeschränkt werden.

Für bestimmte Umwandlungsvorgänge kann ein Missbrauch von steuerlichen Gestaltungsvorschriften zur Steuerbeschränkung vermutet werden. Laut Rechtsprechung des EuGH ist der Gestaltungsmissbrauch für jeden Einzelfall zu prüfen. Im Gegensatz dazu steht die Regelung des § 22 UmwStG. Dadurch wird pauschal bei jeder Umwandlungsvorgang im Sinne des § 20 UmwStG von einem Gestaltungsmissbrauch ausgegangen. Die Missbrauchsvermutung bleibt für sieben auf die Umwandlung folgende Jahre bestehen. Sie schmilzt aber mit jedem abgelaufenen Jahr anteilig ab.

Hinsichtlich der pauschalen Missbrauchsvermutung und auch deren Länge gibt es noch Klärungsbedarf, ob diese in der Gestalt mit den EU-rechtlichen Vorgaben vereinbar sind.

LITERATURVERZEICHNIS

Beck´sches Steuerberater-Handbuch 2021/2022, 18. Auflage 2021

BFH-Urteil vom 14.07.2009 - IX R 6/09

BFH-Urteil vom 18.11.2020 - VI R 28/18 BStBl 2021 II

BMF-Schreiben vom 10.11.2021 V C 2 - S 2707/21/10001

BMF-Schreiben vom 11.11.2011 IV C 2, Umwandlungssteuererlass 2011

Blankemeyer, Henri, Steuerneutralität bei grenzüberschreitenden Umstrukturierungen, 2010, Technische Universität Ilmenau

Blümich, EStG, KStG, GewStG, 117. Auflage 2013

Bordewin/Brandt, Einkommensteuergesetz Kommentar, 440. EL 2021

Brandis/Heuermann/Nitzschke, Umwandlungssteuergesetz 2006, Kommentar, 158. EL August 2021

Dötsch/Pung/Möhlenbrock (D/P/M), Die Körperschaftsteuer, Umwandlungssteuergesetz Kommentar, Stand: 01.02.2020

Eisgruber, Thomas, Umwandlungssteuergesetz Kommentar, 2018

EuGH, Urteil vom 17.07.1997 - Rs C-28/95

Haritz/Menner/Bilitewski, Umwandlungssteuergesetz Kommentar, 5. Auflage 2019

Koenig, Abgabenordnung Kommentar, 4. Auflage 2021

Körner, Andreas, Anmerkungen zum SEStEG-Entwurf vom 21. 4. 2006, IStR 2006, Heft 14

Körner, Andreas, Europarecht und Umwandlungssteuerrecht, IStR 2006, Heft 4

Krohn, Greulich: Ausgewählte Einzelprobleme des neuen Umwandlungssteuerrechts aus der Praxis, DStR 2008, Heft 14

Rödder/Herlinghaus/van Lishaut, Umwandlungssteuergesetz Kommentar, 3. Auflage 2019

Rödder, Schumacher: Das kommende SEStEG - Teil II: Das geplante neue Umwandlungssteuergesetz - Der Regierungsentwurf eines Gesetzes über steuerliche Begleitmaßnahmen zur Einführung der Europäischen Gesellschaft und zur Änderung weiterer steuerrechtlicher Vorschriften (DStR 2006, 1525)

Schmitt/Hörtnagl, Umwandlungsgesetz, Umwandlungssteuergesetz Kommentar, 9. Auflage 2020

Weiss, Martin, Die Besteuerung einer Personenhandelsgesellschaft als Körperschaft nach dem KöMoG, BC 2021, Heft 7

Weiss, Martin, Das BMF-Schreiben zur Besteuerung einer Personenhandelsgesellschaft als Körperschaft § 1a KStG, BC 2021, Heft 12

Widmann/Mayer, Umwandlungsrecht Kommentar, 1. Auflage 2002, 195. EL Stand 2021